Notes sur l'art de shikantaza

Olivier Winghart

Notes sur l'art de shikantaza
- La pratique centrale du zen Sôtô

© 2019 Olivier Winghart

Edition : BoD - Books on Demand
12/14 rond-point des Champs Elysées
75008 Paris
Imprimé par BoD – Books on Demand, Norderstedt
ISBN : 978-2-3221-2814-3

Dépôt légal : **février 2019**

Table des matières

Photo: Jan-Erik Lindgren

Préface

Cet essai a trait à la pratique du bouddhisme zen, telle que j'ai pu la vivre ces trente dernières années, avec en particulier shikantaza, la pratique centrale dans cette tradition (au moins dans l'école Sôtô).

Pour moi, l'image de départ est celle d'un joyau caché dans ce qui apparaît comme un enfer, une pratique de vie très ardue, presque au-dessus de mes forces : la pratique de vie d'une grande intensité que m'avait montré mon premier maître, le moine itinérant Kôshô Murakami, et que je n'avais pas pu ou pas su suivre complètement à l'époque. Je voudrais dans ce livre évoquer ce joyau, en donner le parfum, en indiquer la présence.

Je ne suis pas plus qualifié qu'un autre. J'ai avec moi mon honnêteté et ma foi, et ce que j'ai éprouvé en trente ans de pratique du zen. Sur le chemin, j'ai eu la chance de côtoyer plusieurs maîtres de la voie du zen et j'ai eu l'impression d'être plutôt lent à intégrer vraiment l'enseignement direct qu'ils m'ont donné.

En ces temps où la méditation est devenue aussi courante en Occident qu'une séance de musculation ou de jogging, en ces temps où le bouddhisme même fait office de réconfort psychologique athée, dont les bienfaits et les effets sont de plus en plus sanctionnés par la recherche scientifique contemporaine, je veux revenir au message central du Bouddha. Revenir à la direction sans couleur et non dénaturée de la voie d'éveil, ce joyau insaisissable dont je parlais plus haut.

Pour qui est cet ouvrage ?

Cet ouvrage s'adresse à quelqu'un qui a déjà l'intuition, le pressentiment de cette pratique mais ne sait pas par où commencer, où se tourner, où diriger son effort ou comment l'appliquer.

Ce peut être aussi pour des pratiquants sincères qui peuvent confronter leur propre expérience à ce que je décris et ouvrir ainsi de nouvelles perspectives.

C'est enfin pour moi-même, afin de formuler de façon compacte et fluide ce qui a formé ma vie ces trente dernières années et de m'approcher ainsi d'une vision synthétique de la doctrine bouddhiste sous l'angle du bouddhisme zen.

Que contient-il ?

L'ouvrage est construit en trois parties et une annexe. La première partie présente la pratique de l'assise de façon assez directe et concrète. Elle est suivie d'une deuxième partie, plus de réflexion et de contextualisation de cette pratique. La troisième partie pointe vers ce qui est au-delà de notre compréhension, au-delà d'une pratique spécifique.

L'annexe comprend des notes de Maître Yokoyama et un court commentaire de Maître Sheng-Yen non encore traduit en français, sur le traité attribué à Bodhidharma, Les deux entrées et les quatre pratiques. Deux exercices simples et concrets closent le livre.

Note

Cet ouvrage fait suite à un essai publié en anglais comme livre électronique à l'été 2015, Open without knowing (https://www.amazon.com/Open-without-knowing-Notes-along-ebook/dp/B011F2UBMS).

Le lecteur – sous réserve de pouvoir lire l'anglais – pourra s'y référer pour tous détails techniques sur la posture de zazen, détails que je n'aborderai pas ici.

Mise en garde

Ce que je décris de cette pratique vécue, ce ne sont que des mots. Il ne faut pas confondre la pratique en silence et ses descriptions verbales. Pour employer une image classique, il faut distinguer le doigt qui montre la lune de la lune qui est pointée du doigt.

Remerciements

Du fond du cœur, je remercie ici Maître Kôshô Murakami, disciple de Maître Kôdô Sawaki. J'ai suivi Maître Murakami pendant douze ans ; il reste pour moi la source vivante de la pratique du zen.

Je dois beaucoup aussi à John Crook, parti trop vite, et à Maître Chi Chern, que j'ai suivi ces six dernières années.

Merci encore à d'autres enseignants notables du zen avec qui j'ai pu pratiquer : Tenshin Reb Anderson, Shôhaku Okumura, Tom Wright et Isshô Fujita entre autres.

Certains enseignants de yoga m'ont aussi apporté une aide précieuse : je pense ici à mon ami Basile Catomeris, à Jiří Čumpelík et à Éric Baret.

I. Facettes de shikantaza

Cet homme oisif de la Voie,
Au delà des études et qui va sans effort
— 1ᵉ strophe du Shodoka de Maître Yung-chia

Le mot 'shikantaza', ou 'pratique' la plus élevée du zen,
veut dire juste s'asseoir, ou pour le dire d'une autre
manière, cela veut dire aller au-delà de toute pratique.
— Albert Low, enseignement oral

Shikantaza: première approche

'*Shikantaza*' (只管打坐) est un mot japonais qu'on traduit d'habitude par 'Juste s'asseoir', ou 'Seulement s'asseoir'. Littéralement, si l'on assemble les quatre idéogrammes du mot, on arrive à 'rien d'autre que précisément s'asseoir'. S'asseoir et rien d'autre que cela. Ce mot désigne en fait une manière de pratiquer zazen, l'assise zen. De quoi s'agit-il ?

Maître Murakami nous disait : « Zazen n'est pas une méditation. C'est la forme vivante de Bouddha. » Ce qui, j'en suis bien conscient, ouvre plus de questions qu'il ne donne de réponse ou d'indication...

* * *

Shikantaza, en réalité, se réfère à une pratique très avancée, très profonde, cachée sous une extrême simplicité : juste s'asseoir, en claire conscience de ce qui se passe, et laisser tomber, laisser reposer toutes choses à ce moment-là. S'asseoir, clairement conscient de notre assise, juste cela. Et, chaque fois que nous remarquons que nous faisons quelque chose d'autre, simplement revenir à ce processus d'être assis en claire conscience d'être assis.

A priori, dit comme ca, tout est très simple, mais quand on se met à essayer, concrètement, physiquement sur son coussin, les choses se compliquent. Qu'est-ce que je dois faire ? Comment m'approcher de cette pratique ? Dois-je me relaxer et laisser faire la nature, ou au contraire me concentrer fortement et m'efforcer de suivre cette instruction ? Et comment m'assurer que je fais effectivement ce que je crois faire ou ce que j'ai l'intention de faire ?

* * *

Comme pour d'autres voies spirituelles, il est pratique de voir de plus près tout ce que cette pratique n'est pas, dans son intention initiale. Pour commencer, ce n'est pas un entraînement mental. L'organisme, le système humain tout entier est impliqué et s'y adonne. L'esprit est collé au corps, uni au corps et revient à sa posture primitive, qui est juste d'éclairer et de prendre son espace.

Ce n'est pas non plus une façon de s'améliorer, d'améliorer sa santé ou sa concentration, de réduire le stress, de devenir plus efficace, etc. Plus généralement, ce n'est pas une technique pour parvenir à un but spécifique.

En particulier, il ne s'agit pas d'obtenir un état psycho-physique d'absorption, comme dans la méditation yogique. Pas de samâdhi recherché, mais plutôt laisser l'esprit et le corps reposer en leur nature primordiale. La pratique de shikantaza repose sur une foi profonde dans notre nature véritable.

De façon plus radicale, on ne peut pas faire shikantaza. On peut se préparer, et on peut dans son intention première, se donner à shikantaza. Maître Murakami utilisait l'image du petit enfant qui court vers sa mère pour l'embrasser. Au moment de courir ainsi, le petit enfant ne fait pas intentionnellement ce mouvement particulier de courir, il va en confiance, les bras ouverts vers sa mère. C'est une bonne façon d'aborder shikantaza, sans savoir ce qui va se passer, mais en nous reposant sur nous et sur le monde autour de nous.

* * *

Dans la pratique concrète, c'est un art, où de plus en plus la personne intègre une posture d'équilibre, un équilibre dynamique de l'être-au-monde, où de plus en plus c'est la nature, l'univers entier qui est cet équilibre, plutôt que l'humain ordinaire qui s'y adonne. Mais l'humain ordinaire est toujours là; il se raconte ses histoires, il commente et espère parvenir à une meilleure version de lui-même. L'art consiste à mettre temporairement entre parenthèses cet humain ordinaire, ne pas y prêter attention et juste laisser l'assise se produire. Au fil du temps, cet effort s'affine et diminue, se rapprochant d'un état spontané qui n'est pas limité à l'assise formelle mais qui imbibe toute la vie éveillée.

L'enseignement du Bouddha ne sert pas à rendre importante une personne ordinaire.
— Maître Kôdô Sawaki

Sans aucun souhait

Il y a quelques années, je suis allé au Japon dans l'unique but de rendre hommage à Maître Murakami. Avec un ami disciple lui aussi de Maître Murakami, nous l'avons rencontré et j'ai pu lui poser la question suivante : — Lorsque vous vous asseyez en zazen, avez-vous un souhait ? (En posant la question, je pensais au premier souhait du bouddhisme Mahayana, celui de sauver tous les êtres.) Et immédiatement, il m'a répondu : — Non. (Je n'ai aucun souhait à ce moment-là).

En cela il était fidèle à son maître, Maître Kôdô Sawaki, qui pointait le plus haut zazen comme étant sans but ni esprit de profit (mushotoku en japonais). Autrement dit, ce zazen propre à la tradition des Bouddhas et des patriarches du zen, n'est pas mû par le désir. S'asseoir droit et immobile n'est pas juste une attitude physique. C'est aussi ce qu'on fait dans tout son être lorsqu'on pratique ce zazen-là, à savoir être droit sans s'incliner vers un désir particulier. Ni en s'approchant de quelque chose, ni en s'éloignant de quelque chose. Ni en cédant à l'attirance, ni en cédant à la répulsion. Droit au milieu de toutes choses.

* * *

Cet aspect d'être sans souhait ou sans désir demande un effort pour le comprendre, le digérer, l'incorporer dans sa façon de pratiquer. Et comme j'ai pu m'en apercevoir moi-même, ce n'est jamais acquis une fois pour toute. Il faut toujours regarder et vérifier de temps en temps sa façon de faire, vérifier si quelque désir secret d'acquérir quelque chose ne s'est pas introduit subrepticement.

Il est très facile, insensiblement, sans en être vraiment conscient, de pratiquer vers une attente, vers un secret espoir de ce que va apporter la pratique. Et autour de nous beaucoup de messages, la grande majorité des messages qui nous sont adressés dans la société nous disent : − Méditez pour ceci ou cela, vous obtiendrez tel ou tel résultat si vous méditez régulièrement, allez-y, méditez pour votre bien-être, méditez pour être une meilleure personne, plus empathique, plus heureuse, votre cerveau va s'améliorer, vous vivrez probablement plus longtemps, vous aurez moins de chances de devenir sénile etc. etc. Il est difficile de « se tenir droit » parmi tous ces messages qui naviguent tout autour de nous.

Shikantaza toutefois n'est pas coloré par le désir d'atteindre quelque chose ou quelque bénéfice. C'est ce qui fait sa vraie valeur parmi toutes les activités humaines. Et franchement, c'est difficile à accepter et à intégrer. Je trouve pour ma part nécessaire de me le rappeler à intervalles réguliers.

Pour renforcer mon propos, je citerai ici un enseignant zen que j'apprécie beaucoup et qui résume très bien cette manière de voir, Zoketsu Norman Fisher (dans ma traduction en français) :

« Zazen est fondamentalement une activité sans utilité et sans but. Une personne se consacre à zazen non pas parce que ça aide quelque chose ou parce que c'est paisible ou intéressant ou parce que le Bouddha lui dit de le faire − bien que nous puissions nous imaginer que c'est utile, paisible ou intéressant − mais simplement par dévotion pour ça. On ne peut le motiver, le justifier ou en faire quelque chose de bon. On le fait parce qu'on le fait. Ce n'est même pas une question de vouloir ou de ne pas vouloir le faire. Zazen pour zazen. Les oiseaux chantent, les poissons nagent, et les gens qui ont une dévotion à zazen font zazen avec dévotion tout le temps, bien qu'il n'y ait pas besoin de le faire. »[1]

---

[1] Cité dans [13, p.149].

Le shikan de shikantaza

Juste faire. Faire pleinement une chose, et juste cela. Sans aller plus loin ou ajouter quelque chose en plus : sans ajout donc, sans commentaire, sans valorisation, sans embellissement.

C'était paraît-il un enseignement fondamental de Maître Shunryu Suzuki[2] à ses disciples américains. Selon son disciple Mel Weitsman, lui-même enseignant zen, tous ses gestes quotidiens étaient une expression de shikantaza : « L'activité de tous les jours sans égoïsme – juste faire une chose pour la chose même – tel était son shikantaza. »[3]

Il s'agit là d'une idée très simple, d'être impliqué dans son acte sans le colorer ou y ajouter, et en même temps difficile à mettre en pratique. C'est un choix fort, un engagement à vivre sa vie d'une certaine façon, convaincu du caractère juste de cette façon d'être et de faire.

Une autre caractérisation de shikantaza, apportée là encore par Maître Suzuki, est plus inhabituelle. Il dit dans un enseignement oral que shikantaza est quand on est profondément impliqué, impliqué tout entier dans une pratique et en même temps complètement libre par rapport à elle[4]. Nous retrouverons par la suite dans cet essai cet aspect de liberté intérieure, de mouvement libre alors même que l'engagement est total. Pour le moment, notons qu'il est difficile de se figurer ce que Maître Suzuki veut dire si l'on ne l'a pas vécu soi-même.

---

[2] Maître de l'école zen sôtô qui fonda le centre zen de San Francisco et eut une profonde influence sur le développement du bouddhisme aux U.S.A.

[3] Tiré de [21, p.90].

[4] Idib, p.36.

Avec ténacité

Dans un carnet de notes appartenant à Sôdô Yokoyama[5] sur des enseignements oraux de son maître Kôdô Sawaki[6], on trouve cette phrase qui m'a arrêté net : « *Practice zazen tenaciously and you are Buddha.* » En français : Pratiquez zazen avec ténacité et vous êtes Bouddha. Ce « tenaciously » en particulier a retenu mon attention. Il ne faut pas juste pratiquer zazen, il faut le pratiquer avec ténacité. Qu'est-ce à dire ?

Il s'agit en fait de tenir ou maintenir avec intensité (de manière tenace) cette perception de l'assise, sans quoi vous allez très vite dériver vers une autre activité, même quand vous êtes assis bien droit, immobile et silencieux.

En remontant quelques sept cents ans en arrière, on trouve quelque chose de similaire chez Maître Dôgen décrivant ce qu'il apprit en Chine de son maître, Maître Ju-ching. Ce maître décrivant la pratique de l'assise disait (propos rapportés par Maître Dôgen) : « Lorsque l'on pratique l'assise intensément et d'un seul esprit, les cinq désirs s'éloignent et les cinq souillures disparaissent[7] ». C'est

---

[5] Maître de l'école zen Sôtô, connu pour faire zazen de manière régulière dans un parc public, instruisant les adultes et les enfants qui passaient par là et venaient lui poser des questions.
Voir en Annexe pour une traduction des notes de Maître Yokoyama.
[6] Maître de l'école zen Sôtô, grand rénovateur de cette école au Japon du XXe siècle.
[7] Dans l' *Hôkyô-Ki*, Journal de Maître Dôgen en Chine, trad. Takashi James Kodera, Routledge & Kegan Paul, 1980. Les cinq désirs sont ici les désirs de nourriture,

l'intensité où il n'y a plus de conscience du temps qui passe et où tout l'être est engagé « d'un seul tenant ».

Cette notion d'intensité nous rappelle que juste s'asseoir n'est pas juste s'asseoir et c'est bon. Il y a une profondeur qui nous appelle et qui nécessite notre plein engagement.

---

de sommeil, de sexe, de richesse et de renommée. Les cinq souillures désignent l'avidité, la colère, la torpeur, le regret et le doute.

L'esprit stable et clair

L'idée est de revenir à la condition originale de l'esprit, et à celle de l'unité corps-cœur-esprit.

C'est au départ une idée, mais dont on fait soi-même l'expérience au fil des heures passées en zazen : cette double qualité de l'esprit, ces deux aspects mêlés et à l'équilibre, à savoir le silence et la clarté.

Entre parenthèses, c'est pourquoi la tradition apparentée à shikantaza dans le chan (zen chinois) s'appelle *l'Illumination silencieuse*. Le silence, ou sérénité, est cette qualité de l'esprit d'être stable, imperturbable, sans se fixer ou s'attacher quelque part. L'illumination, ou clarté, est cette qualité de l'esprit d'éclairer ce qui se trouve en face de lui. Il est enseigné que ces deux qualités, le silence et la clarté, se renforcent l'une l'autre, bénéficient l'une de l'autre. Chacune est nécessaire, car comme il est dit dans un poème de Maître Hongzhi Zhengjue[8] :

« Si l'illumination néglige la sérénité, alors apparaît l'agressivité.
Si la sérénité néglige l'illumination, l'obscurité amène à gâcher le dharma. »

Je me contenterai ici de commenter légèrement ces deux lignes : sans la stabilité de l'esprit, la clarté d'un esprit dispersé ou en déséquilibre tend à produire une action dans le monde qui n'est pas bénéfique. Et avec la seule stabilité, l'esprit obscur ou sans énergie tend à gâcher la pratique en manquant

---

[8] Maître chinois du XIIe siècle qui le premier dans des écrits parvenus jusqu'à nous se réfère à l'approche de l'Illumination silencieuse.

de clarté ou d'acuité pour percevoir les distinctions face à ce qui se passe là devant soi.

C'est pourquoi, il faut en zazen non seulement reposer l'esprit et assurer son équilibre, mais aussi veiller à garder une conscience claire de ce qui se passe à tout moment. La brume, le brouillard, la tendance à somnoler ou à un esprit figé, sans vitalité, sont malheureusement des conditions familières à des pratiquants de longue date. Cela peut même à la longue devenir une mauvaise habitude, qu'il peut s'avérer difficile de changer. Silence et clarté sont donc tout aussi importants l'un que l'autre dans l'art de l'assise zen.

Ne pas s'endormir, ne pas ronronner dans sa pratique. Chaque fois est nouvelle, et peut aussi être la dernière[9].

---

[9] Rappel important, que j'ai entendu de nombre de mes enseignants, comme Basile Catomeris ou Tenshin Reb Anderson.

II. Réflexions autour de shikantaza

Une pratique équilibrée

En pratique, shikantaza s'accompagne d'une réflexion et d'une étude des textes de la tradition bouddhiste. Le versant expérientiel qui vient d'une pratique sincère de l'assise, et le versant cognitif qui cherche à établir un cadre, un sens, une histoire cohérente à partir des enseignements du Bouddha et de nos Anciens.

Cet équilibre de la pratique et de l'étude est recherché dans la vie de tous les jours, tout comme dans les périodes de pratique intensive, où les périodes d'investigation en silence alternent avec les enseignements oraux sur les textes traditionnels.

Si vous enlevez l'étude, il vous manque un cadre, une carte dans votre voyage, ou en tous cas certains repères pour vous guider. Et si vous enlevez la pratique immobile en silence, alors ce n'est pas la pratique véritable. Vous pouvez être experts sur les dragons en papier sans jamais avoir été en présence d'un véritable dragon.

Il est donc important, à côté de shikantaza, de consacrer du temps à l'étude des textes, des cartes de route, des principes directeurs de la voie du Bouddha. Et bien évidemment, les laisser de côté entièrement lors de l'assise. Ensemble, de concert, l'étude conceptuelle et la simple assise constituent une pratique équilibrée, comme les deux ailes d'un oiseau selon une image classique.

La vérité du bouddhisme est réalisée dans la pratique ;
elle *est atteinte à travers le corps*.
— Maître Kôdô Sawaki (phrase soulignée par l'auteur)

Shikantaza et la voie des Bouddhas

Reprenons ici la place naturelle de shikantaza dans le bouddhisme, et aussi, du point de vue du pratiquant, la juste place de l'étude et celle de la pratique vécue.

Maître Chi Chern par exemple souligne beaucoup le fait que du point de vue de l'homme occidental contemporain, celui-ci n'a très souvent qu'une idée fragmentaire et incomplète des principes, fondements et finalité de la voie du Bouddha.

Est-ce un problème ? Disons qu'il y a un certain risque à élaborer sa propre sauce et à développer une vue erronée, étroite ou incomplète de sa propre pratique.

Posons-nous donc la question : quel est le rapport entre juste s'asseoir et la vérité de l'enseignement du Bouddha ? Est-il évident que s'asseoir et ne rien faire d'autre soit en relation directe avec l'enseignement du Bouddha ? Au point que ce soit selon certains maîtres la pratique centrale et fondamentale parmi toutes les pratiques bouddhistes, et que tout le reste ne soit que notes de bas de page en comparaison[10] ?

* * *

Que dit l'enseignement du Bouddha ? C'est un enseignement multiple, avec une grande quantité de textes et une grande variété de niveaux

---

[10] Citation de Maître Kôdô Sawaki, enseignement oral.

30

d'enseignement, adaptés aux différentes situations des pratiquants et aussi leur arrière-plan culturel et religieux. Mais je vais simplifier, au risque de déformer et mécontenter les érudits.

Le bouddhisme commence par la question suivante : *Pour un être humain ordinaire, vers quelle aide ou quel refuge véritable se tourner face aux flot de souffrances et de tourments qu'il rencontre au cours de sa vie ?*

Dans le cas du bouddha historique s'ensuit après cette question première une perte volontaire (de son statut de prince pour devenir un sans-logis itinérant) et une ascèse, car pour lui, aller au fond de la question de la souffrance humaine était plus important que toute autre considération. Suite à un éveil — à sa propre nature et à toute la chaine de la coproduction conditionnée — il se mit à prêcher et à inciter par une variété de moyens ses disciples à eux aussi 'orienter leur vie vers l'éveil'.

Un aspect de cet éveil est la réalisation des trois sceaux de tous les phénomènes : tout phénomène (y compris nous les êtres humains) est impermanent, tout phénomène est sans essence propre, et il existe un état des êtres vivants, le nirvana, qui est pure quiescence. Cet état est donc au-delà de la naissance et de la mort, il ne peut être ni créé ni détruit — car sinon il serait du domaine du transitoire et non état de pure quiescence.

Cette réalisation selon l'enseignement du bouddha ne peut être que par expérience vécue directe, par perception directe de l'adepte ou du disciple. Il ne s'agit pas ici de croire un maître sur parole, ni de maîtriser des raisonnements compliqués, mais simplement de faire soi-même l'expérience concrète de cette véritable nature des phénomènes. Moi-même je n'ai pas encore eu cette expérience directe du vide, mais c'est ainsi que je comprends l'enseignement du Bouddha (en tous cas les éléments communs à toutes les branches du bouddhisme).

* * *

Sur cette base, en quoi shikantaza est-il en relation avec l'enseignement du Bouddha ?

Plusieurs réponses sont possibles : se donner à shikantaza avec ténacité, c'est exactement mettre en action soi-même l'enseignement du bouddha. C'est vivre par l'expérience ce que le bouddha pointe : s'éveiller à notre nature véritable, en tous cas préparer le terrain, car l'éveil n'a rien à voir avec une pratique donnée. L'éveil est sur un autre plan, indépendant de notre volonté consciente ou d'un exercice particulier.

Shikantaza, c'est redécouvrir par l'attention à ce qui est (à savoir le corps, l'esprit, le flot des pensées et des émotions, l'environnement) les caractéristiques de l'être-au-monde humain.

Shikantaza, c'est toucher à un domaine au-delà de la vie et de la mort, mais qu'on peut percevoir en tant qu'être humain vivant.

* * *

Dans l'enseignement du Bouddha, est-ce qu'il y a des préalables, des pratiques qui doivent précéder shikantaza ? Il y en a deux : avoir une attitude généreuse et faire des dons d'une part, et vivre de façon éthique d'autre part[11]. On peut y ajouter deux

---

[11] Traditionnellement, ces trois pratiques (donner, vivre de façon éthique et s'asseoir en méditation) sont appelées les trois actes bienheureux, ouverts non

à priori, tout au début de la pratique de l'assise (qu'on ne mentionne pas d'habitude, tant ils sont évidents) : pouvoir se détendre, physiquement et mentalement, et pouvoir maintenir son esprit relativement stable.

---

seulement aux bouddhistes mais aussi à tous les êtres humains et créatures célestes [23, pp.76-100].

Auto-confrontation

Le premier enseignement du zen est sans doute de se confronter à soi-même. C'est en tous cas l'un des enseignements principaux que m'a transmis John Crook. Qui suis-je au fond ? Et que suis-je ? Quels sont mes attachements les plus fortement ancrés ? Quels sont mes aprioris ? Comment est-ce que je réagis quand je rencontre l'adversité ? Est-il possible d'épurer ma pratique de vie, d'ôter les couches superflues d'individualité ? Ou bien est-ce une illusion ?

Il ne suffit pas de calmer l'esprit conscient. Il y a aussi des perturbations sous-jacentes, inconscientes, qui font que l'esprit ne peut accueillir une expérience plus profonde tant que ces perturbations ne sont pas remontées à la surface.

L'enseignement de l'auto-confrontation remonte à Bodhidharma et à son unique texte dont l'authenticité est à peu près acquise, sur les deux entrées et les quatre pratiques (voir ma traduction en annexe du commentaire de Maître Sheng-Yen[12] sur ce texte).

À chacun de remplir ici son propre texte concernant l'auto-confrontation au fur et à mesure d'une pratique stable de l'assise au cours du temps. La question est ici : est-ce que je peux laisser mon être totalement paisible, ou bien y a-t-il des niveaux de tensions qui restent encore ? Qu'en est-il ? En quoi fais-je obstacle à un état de paix ? Que puis-je nettoyer, affiner, mettre en ordre dans mon être intérieur pour

---

[12] Maître Sheng-Yen fut l'un des principaux enseignants du Chan à l'époque contemporaine. Il avait reçu la transmission du dharma à la fois de l'école Linji (Rinzai en japonais) et de l'école Caodong (Sôtô).

rendre possible un tel état ? C'est toute la question, et c'est une pratique sans fin.

Paradoxes de la pratique

Un premier paradoxe est comment il y a à la fois discipline et mouvement naturel. C'est tout à fait fascinant. On pourrait dire que discipline et mouvement libre se rencontrent et se fondent ensemble.

D'un côté, l'effort ardu et répété dans la durée, avec patience et endurance. S'asseoir, s'asseoir, s'asseoir, par tempête ou par beau temps. S'incliner, s'écarter du point médian, le remarquer et revenir au point médian ; le faire un nombre incalculable de fois. Sentir à la longue de mieux en mieux ce point médian ou point zéro ; remarquer de mieux en mieux quand on s'en écarte.

Au début, une forme très précise et une méthode elle aussi bien définie, et le fait de s'y plier, de s'y astreindre. Puis de plus en plus, aller vers la non-méthode et la condition naturelle de l'esprit libre et spacieux.

Je crois que c'est Maître Kôdô Sawaki qui avait cette image de saler les *daikon*, ces radis jaunes japonais, la manière correcte de les imprégner de sel. S'imprégner de l'assise pour de plus en plus laisser l'assise se produire plutôt que la conduire ou la diriger.

Il est intéressant de reprendre et de questionner cette assertion que j'écrivais plus haut, à savoir que zazen au sens de shikantaza n'est pas un entraînement mental. Vous pourriez pourtant objecter : — Mais bien sûr que si, c'est un entraînement et non des moindres, de recouvrer le silence et la clarté de l'esprit ! Disons en faveur de l'assertion que l'on se donne un cadre très dénudé et très strict de s'asseoir immobile dans une posture spécifique, mais qu'une fois ce cadre donné, il s'agit juste d'être complètement là, clair dans ce processus de la vie qui passe moment par moment et d'en être clairement conscient. Et rien de plus en termes d'exigences sur soi ou sur son mental. Une fois dedans, il n'y a pas d'état particulier à rechercher, pas de méthode particulière à suivre. Pour utiliser une autre image, la posture tout à fait spécifique est comme un tuteur pour une plante ; une fois le tuteur et la plante fixés ensemble, la plante fait ce qu'elle veut et vit sa vie de végétal.

Le paradoxe est qu'une si grande discipline soit requise pour parvenir à une véritable liberté intérieure.

Remarquez aussi qu'il est si facile de se tromper, et de croire qu'on peut d'emblée laisser l'esprit libre et « juste être » (je connais des groupes de méditation qui fonctionnent sur ce principe-là). Mais ce n'est pas le cas, c'est une erreur de le croire. C'est comme quand on fait du vélo : il faut déjà une certaine pratique et avoir pédalé un peu, dans un contexte qui s'y prête, pour pouvoir à un moment rouler en roue libre. Il serait absurde de vouloir se mettre en selle et démarrer tout de suite en roue libre.

Pour prendre une autre analogie, il semble qu'un jazzman expérimenté, lorsqu'il improvise avec ses collègues, n'ait pas besoin de la théorie, mais comme chacun sait, il faut avoir intégré la théorie et les codes pour pouvoir improviser librement et rester juste.

* * *

Il y a d'autres paradoxes ; j'en ouvre ici quelques-uns, mais il y en a sûrement davantage. Ce zazen est véritablement un exercice d'équilibre dynamique, sur de nombreux plans simultanément, que ce soit le plan physiologique, l'état mental et émotionnel, la volonté, la place dans le temps et l'espace, la conscience réflexive de ce qui se passe, etc.

Un paradoxe est le sens de l'étude. Nous avons déjà vu que l'étude des textes est nécessaire, mais quel est son sens et comment étudier ? Faut-il se fier aveuglément à zazen comme étant l'essence de l'enseignement bouddhiste, ou au contraire étudier attentivement et précisément les textes traditionnels ? Et si l'on étudie les textes, quelle est la juste place de l'étude par rapport à l'assise silencieuse ? Et de quelle manière accueillir l'enseignement des textes ? En quoi ont-ils à voir avec notre propre chemin ? Pour quoi se soucier de ces textes finalement ?

Un autre paradoxe est la place de l'assise parmi toutes nos activités. L'assise est-elle tout à fait particulière ou bien au contraire tout à fait ordinaire et non distinguable de nos autres actes ?

Un autre paradoxe est la relation entre la pratique et l'éveil. La pratique mène-t-elle à l'éveil, ou l'éveil n'a-t-il rien à voir avec la pratique ? La pratique et l'éveil sont-ils sur deux plans indépendants ? Et si oui, pour quoi alors pratiquer ?

Également, est-ce fondamentalement une pratique sociale ou une pratique solitaire ? Dans quelle mesure allons-nous vers l'éveil ensemble, d'une énergie commune et dans quelle mesure y allons-nous de nous-mêmes, de notre propre énergie ? Sommes-nous à la fois seuls et ensemble dans cette pratique ?

* * *

Toutes ces questions n'ont pas de réponse fixe ou générale. Il convient de regarder pour soi-même en fonction de sa situation. Je dirais même que laisser ouverts, déployés ces questionnements peut apporter beaucoup de bienfaits, juste en tant que tels, pour nous maintenir en alerte.

Si j'essaye d'esquisser mes propres réponses à ce point de ma pratique, voilà ce que je dirais. Étudier les textes et témoignages de maîtres passés sur leur expérience peut guider , constituer des 'signaux indicateurs', mais est toujours secondaire par rapport à l'expérience directe, vécue, personnelle de ce qui y est décrit. L'assise est tout particulière parmi nos actes, et au cours du temps se fait de plus en plus ordinaire. Plus on se coule dans l'assise, plus elle devient ordinaire. Quant à l'éveil, il vaut peut-être mieux ne pas se soucier de l'éveil. Lorsqu'on pratique, on est complètement dans la pratique, sans se soucier de rien d'autre. Si l'éveil se passe, il se passe ; s'il ne se passe pas, il ne se passe pas. Ce n'est pas notre problème.

Quant à la pratique bouddhiste, elle est à la fois toute personnelle et complètement reliée aux autres êtres vivants ; là aussi, cela ne peut être évident que dans et par sa propre pratique.

* * *

Enfin, sur ce sujet des paradoxes, je dirais que c'est plus un aspect du mental réflexif de s'en inquiéter ou de s'interroger. Quand on est complètement impliqué dans sa pratique, à cœur ouvert, il n'y a pas la moindre difficulté posée par ce genre de paradoxes. On y va, on plonge directement.

L'attention et l'espace

La perception nous ouvre la porte du contact avec le tout, avec tout l'espace interne et environnant. Quand nous pensons, commentons, évaluons, philosophons, ou élaborons une réflexion, il s'agit bien d'une activité émanant de la personne et centrée en elle. Mais quand nous percevons, attentifs au contact sensoriel, nous avons la possibilité de nous décentrer, de décentrer notre attention : être conscient de l'acte perceptif vu du tout, et non pas vu de la personne qui perçoit.

Cela peut sembler abstrait, mais c'est une expérience qu'on peut facilement faire en zazen : il y a perception du champ, de tout le champ, pas plus intérieur qu'extérieur, n'ayant son origine pas plus dans l'organisme que dans l'espace où il est plongé, mais dans le mouvement commun, la matière commune de l'être vivant en son espace[13]. L'attention diffuse et s'ouvre à l'espace, à la totalité.

Une autre illustration du même phénomène nous est donnée par Maître Sheng-Yen, décrivant le type de méditation assise à laquelle il se consacrait lors d'une retraite solitaire longue de six années : une assise pure et simple, dans laquelle l'attention n'est placée « ni à l'intérieur, ni à l'extérieur, ni entre les deux[14] ». L'attention est aigüe mais n'est localisée nulle part.

Dans la même idée d'une attention ouverte et sans point d'attache, il est intéressant de noter que Maître Dôgen ne mentionne jamais dans ses

---

[13] Cette matière commune est ce que le philosophe Maurice Merleau-Ponty appelle *la chair*.

[14] Dans [18, p.10].

enseignements de fixer l'attention sur un point particulier de l'espace physique en zazen.

Le Tao doit être quelque chose qui circule librement.
Pourquoi devrait-on l'entraver ?
— Soutra de l'Estrade de Maître Hui-Neng, Section 14

À l'aise dans la joie

Pour vraiment plonger dans cette pratique, il est important de pouvoir se sentir vraiment bien, à l'aise, et apprécier ce qu'on est en train de faire. La discipline de pratique, surtout à notre époque, est facilement associée à quelque chose d'aride ou de triste, de contraignant, de pesant. Si l'esprit, l'état mental a cette tonalité-là, lorsqu'il y a un poids ou une tension dans l'esprit, alors l'éveil est sûrement hors de portée.

Mon maître Kôshô parlait de « great ease and joy », une grande joie et une grande aisance, citant ainsi les textes anciens.

Je me souviens aussi de John Crook, qui lors d'une retraite solitaire de deux semaines que je faisais sous sa direction, m'avait dit : « Do you enjoy yourself ? », c'est à dire « Est-ce que tu y prends plaisir ? » Il voulait me rappeler l'importance de sentir et savourer pleinement la pratique, et de ne pas la considérer comme un labeur. « Remember, enjoy ! It's not only hard work ! » (« Rappelle-toi, prends-y plaisir ! Ce n'est pas juste un dur labeur ! ») En me rappelant cela, il me faisait un immense cadeau, une leçon de grande valeur.

L'aise et la joie sont liées pour moi au mouvement libre, à sentir de tout près le mouvement de la vie et le laisser se déployer. Ca peut sembler incroyable de parler de mouvement libre dans une posture tout à fait spécifiée et immobile comme zazen, mais c'est effectivement ainsi : la vie qui s'exprime dans l'instant, organiquement, dans tous ses mouvements, vibrations,

42

écoulements, ajustements, passages de pensées, de sensations, d'émotions, peut et doit être laissée libre de se mouvoir.

Le samadhi d'une seule action, c'est l'esprit simple et direct à tout moment, que l'on marche, que l'on soit immobile, assis ou couché.
– Soutra de l'Estrade, Section 14

De retour sur le marché

Comme de nombreux enseignants-pratiquants l'ont dit, il importe de trouver des façons de pratiquer dans sa vie au quotidien, en dehors de l'assise formelle. On ne peut rester assis sur son zafu tout le temps[15] ; en général, pour la plupart d'entre nous, le temps passé assis en zazen n'est qu'une petite fraction du temps éveillé, et la grande question est : comment pratiquer au sein de nos activités quotidiennes, le reste de notre temps de veille ?

Sur cette question, je vais me référer en priorité au Soutra du Sixième Patriarche Hui-Neng, dit Soutra de l'Estrade, et l'interprétation qui en a été faire par Maître Sheng-Yen et Maître Chi Chern à l'époque contemporaine[16].

Dans le Soutra de Maître Hui-neng, qui est vu comme un exposé très compact et exhaustif du

----

[15] Il en est ainsi pour les laïques bien sûr mais aussi bien souvent pour les monastiques, qui, s'ils ne sont pas engagés dans une pratique spéciale intensive, doivent passer une grande partie de leur temps quotidien au travail pour la communauté : travail aux champs, nettoyage, maintenance des bâtiments, etc.

[16] Mes sources sont ici un texte d'enseignement de Maître Sheng-Yen durant une sesshin en Russie en 2003, ainsi que l'enregistrement d'un enseignement oral de Maître Chi Chern durant une sesshin de trois semaines en Pologne à l'été 2015 à laquelle j'ai participé.

44

Dharma du Bouddha, apparaissent certaines affirmations étonnantes. Un exemple est celle-ci : *la différence entre un être éveillé et un être ordinaire est la différence, au sein du même esprit, entre un moment d'éveil et un moment de confusion.*

Un autre enseignement étonnant est celui de la citation ci-dessus, sur la pratique de chaque moment, et pas seulement lorsqu'on est en zazen : *l'esprit simple et direct à tout moment, que l'on marche, que l'on soit immobile, assis ou couché.* Selon ma compréhension limitée, l'idée est que cette fonction naturelle de l'esprit, stable et clair dans son contact avec chaque circonstance, sans ajout de pensée illusoire, n'est pas limitée à l'assise. Au début, et sans doute pendant une longue période d'entraînement, l'assise est la circonstance la plus facile pour vivre cela, mais ce qu'on vise est de pouvoir continuer cette sorte de contact simple et direct de l'esprit avec l'objet ou l'action courante, à tout moment de notre vie éveillée. Comment ? Le soutra ne le dit pas ; il parle seulement de cet esprit 'simple et direct' qu'il s'agit de maintenir dans toutes les positions du corps et dans toutes les circonstances de la vie.

III. En allant plus avant

Commencer par <u>le non gain</u>, se désengager des affaires, des désirs, etc. Expiration longue et profonde.
Puis s'asseoir, complètement disponible à la forme même et à tout ce qui est.
— Note pour moi-même lors d'une sesshin

Visez toujours la posture la plus authentique et non pas la plus confortable.
— Maître Murakami, enseignement oral

Shikantaza est le point le plus haut qu'un être humain vivant peut atteindre.
— Maître Kôdô Sawaki

Esquisses d'indications

Il est important de rester léger, dans tous les sens du terme.

Et aussi de ne pas figer les choses, ne pas entraver le mouvement du tout dans ce que nous faisons.

Dans tout cela, le corps est la matière où toute cette pratique se fait jour.

A l'écoute du tout.

L'espace qui est toujours là
et d'où émanent toutes
Les manifestations.
Transparent,
Sans couleur ni forme.

Le non-gain peut toujours être affiné. C'est l'apprentissage du non-soi.

Qu'est-ce qui bouge ? Qu'est-ce qui est immuable ?

Qui fait zazen ? Qui a cette dévotion pour l'assise ?

Laisser s'asseoir, laisser l'assise se faire, accepter de ne rien diriger.

Zazen n'est pas ce qu'on peut se représenter. C'est un trésor bien plus grand.
— Maître Murakami, enseignement oral

Croyances de base

Lors d'une retraite intensive de trois semaines, à un moment j'ai soudain éprouvé le besoin aigu de tout mettre à plat dans mes concepts et croyances sur la pratique, et je me suis demandé : parmi tout cela, à quoi est-ce que je crois absolument, fondamentalement au sujet de cette pratique ? Et après un temps sans rien savoir, trois éléments sont ressortis :

- La posture, posture assise d'un seul tenant, l'antenne redressée et alerte, posture de tout son être et où tous les détails comptent ;

- Le non-gain : ne rien espérer, ne rien atteindre. Shikantaza ne sert à rien ; il n'y a rien à en tirer. Ceci est l'attitude, le point de départ pour pratiquer vraiment.

- L'assise pure et simple. Une fois détendu dans la posture, sans rien espérer, sans savoir ce qui va se passer, juste vivre, sans méthode particulière. Le mouvement libre de la vie. Sans nommer, sans commenter, sans comparer. Et sans s'endormir.

Retour à zéro

À intervalles réguliers au cours des années, j'étais comme confus ou empêtré dans ma propre pratique de l'assise, et dans ces moments-là, ce qui m'a aidé est d'opérer une sorte de retour à zéro.

Je veux dire par là, me remettre à la case départ, faire abstraction de tout ce que j'ai pu entendre, lire ou ressentir, et juste commencer à s'asseoir, comme quand on m'a montré zazen pour la première fois, quand je ne savais rien, que je n'y connaissais rien.

Et autant que je puisse juger, les fois où j'ai fait ainsi honnêtement, partir de zéro dans mon assise, ça n'a pas mal marché ; je veux dire par là que j'en éprouvais une pratique juste, où je pouvais être à nouveau frais et disponible.

Je relie ce retour à zéro au conseil que nous donnait Maître Murakami : Vérifiez toujours que votre pratique est juste, authentique.

Pratiquants de la Voie, dans le Dharma du Bouddha, il n'y a pas besoin de s'appliquer.
- Maître Linji

L'insondable

Il arrive un moment dans l'approche de shikantaza où la méthode et les descriptions rationnelles sont dépassées. On touche là un monde d'une profondeur insondable, non mesurable, non qualifiable, où nous perdons nos repères habituels.

Cette dimension de l'insondable est au-delà de ce que nous pouvons accomplir et pourtant nous pouvons la toucher, la ressentir. C'est elle qui nous empêche de nous reposer complètement sur notre compréhension et nos méthodes. Il faut alors les lâcher et juste recevoir ce qui nous arrive sans rien faire de spécial (sans s'appliquer, disait Linji dans la citation ci-dessus).

Cet insondable est évoqué par Sekkei Harada[17] de la manière suivante : 'Acceptez pour vous-même que « quand le thé est servi, buvez le thé. Quand le riz est servi, mangez le riz ». C'est tout ce qu'il y a. C'est tout ce qu'il y a et pourtant il y a là une profondeur qui ne peut se limiter à « c'est tout ce qu'il y a ».'

---

[17] Dans [10, p.58].

Lexique

Bodhisattva : Selon la définition de Maître Uchiyama, une personne qui a dans sa vie pris la direction de Bouddha.

Chan : Le zen chinois, venu d'Inde et entré au contact du taoïsme en Chine, et d'où ont émané le zen japonais et le zen coréen.

Coproduction conditionnée : (en sanscrit *Pratītyasamutpāda*), désigne toute la chaîne de conditionnements des êtres qui vont de vie en vie. Une formulation simplifiée en est : 'Si ceci existe, cela aussi existe. Si ceci cesse d'exister, cela aussi cesse d'exister.'

Dharma : enseignement ou vérité sur la nature des choses (comme dans l'expression le Dharma du Bouddha).

Illumination silencieuse : L'une des méthodes principales du Chan, qui ressemble à ce qui s'appelle *shikantaza* dans le zen japonais.

Karma : La loi de cause à effet et par extension toute son influence dans la vie humaine.

Samâdhi : État modifié de conscience d'un esprit totalement unifié et rassemblé en lui-même.

Sesshin : Retraite intensive de groupe, où la priorité est donnée à *zazen*.

Shikantaza : La pratique de juste s'asseoir, telle que décrite et répandue par Maître Dôgen.

Soutra du Lotus : Parfois considéré comme le point culminant du bouddhisme, le soutra du Lotus pointe notre nature potentielle de Bouddha et la voie unique vers l'éveil. Selon certains, il s'agit d'une louange, d'une allégorie pour décrire zazen.

Zafu : Coussin de méditation, à la fois doux et ferme.

Zazen : L'assise zen, la méditation assise selon le zen.

Bibliographie

Quelques ouvrages des années 70[18]

1. Chung-Yuan, Chang. *Original Teachings of Ch'an Buddhism*. Vintage Books, 1971.
2. Deshimaru. *Vrai Zen*. Le Courrier du Livre, Paris, 1969.
3. Sasaki, Ruth F. *The Record of Lin-Chi*. The Institute for Zen Studies, Kyoto, 1975.
4. Suzuki, Shunryu. *Zen Mind, Beginner's Mind*. Weatherhill,New York, 1970.
5. Trungpa, Chögyam. *Meditation in Action*. First Edition 1969.
6. Trungpa, Chögyam. *Cutting through Spiritual Materialism*. Shambhala Publications, 1973.
7. Uchiyama, Kosho. *Approach to Zen*. Japan Publications, 1973.

Ouvrages plus récents

8. Eihei Dôgen Zenji. Okumura, Shohaku and Leighton, Taigen Dan transl. *Bendôwa: Talk on Wholehearted Practice of the Way*. Kyoto Sôtô Zen Center, 1993.
9. Ferguson, Andy. *Zen's Chinese Heritage*. Wisdom Publications, Boston, 2000.
10. Harada, Sekkei. *Unfathomable Depths*. Wisdom Publications, Boston, 2014.
11. Hershock, Peter. *Chan Buddhism*. University of Hawai'i Press, 2005.

---

[18] Je remarque que certains ouvrages qui ont été publiés alors, durant cette période de 1969 à 1975, sont parmi mes livres préférés. Je leur trouve sans savoir pourquoi une saveur, une fraîcheur et une énergie inégalées depuis. Période privilégiée, ou perception particulière de ma part ?

12. Leighton, Taigen Dan. *Cultivating the Empty Field*. Tuttle Publishing, 2000.

13. Loori, John Daido, ed. *The art of Just Sitting*. Wisdom Publications, 2002.

14. Sasaki, Ruth F., Kirchner Thomas Yûhô ed. *The Record of Lin-Chi*. The University of Hawai'i Press, 2009.

15. Sawaki, Kôdô, *Le chant de l'Éveil*. Albin Michel, Paris, 1999.

16. Sawaki, Kôdô, *Un zen vagabond, textes et commentaires de Kosho Uchiyama et Shohaku Okumura*, Les éditions du Relié, Paris 2016.

17. Sheng-Yen. *Getting the Buddha Mind*. Dharma Drum Publications, 1982:

18. Sheng-Yen. *Hoofprint of the Ox*. Oxford University Press, 2001.

19. Sheng-Yen. *The Method of No-Method*. Dharma Drum Publications, 2008.

20. Trungpa, Chögyam. *The Path is the Goal*. Shambhala Publications, 1995 (Sur deux séminaires de 1974).

21. Wenger, Michael, ed. *Wind Bell, Teachings from the San Francisco Zen Center 1968-2001*. North Atlantic Books, 2002.

Pour étudier davantage le bouddhisme

22. sGampopa, Translated by Herbert V. Guenther. *The Jewel Ornament of Liberation*. Shambhala Publications, 1986.

23. Venerable Yin-Shun. *The Way to Buddhahood*. Wisdom Publications, 2008.

24. Lu Kuan Yu, *Ch'an and Zen Teaching, Vol. 1, 2, 3*. Rider, 1960, 1961, 1962.

25. Nan Huai-Chin, Translated by Thomas Cleary. *The Story of Chinese Zen*. Charles E. Tuttle Co., 1995.

Quelques articles

26. Fujita, Issho. *Zazen is not the same as meditation*. Extraits de cours au BCBS, 2002.
https://www.buddhistinquiry.org/article/zazen-is-not-the-same-as-meditation/
27. Chi Chern Fashi. *Start with a Firm Foundation*. Chan Magazine, Winter 2015.
http://chancenter.org/cmc/wp-content/uploads/2015/01/ChanMagazine_Winter-2015_web_re.pdf
28. Leighton, Taigen Dan. *Dogen's Zazen as Other Power Practice*. Conférence 'Meditation and American Shin Buddhism, 2005.
https://www.ancientdragon.org/dogens-zazen-as-other-power-practice/

Annexe

Notes de Maître Yokoyama sur des enseignements de Maître Sawaki[19]

Pratiquez zazen avec ténacité et vous êtes Bouddha. Sawaki sera toujours une personne pleine d'illusions. Et pourtant zazen s'infiltre goutte à goutte dans le sang de Sawaki et fait de lui un Bouddha. Quelle joie !

Roshi[20] parle de lui-même (son soi individuel) comme Sawaki. Selon Maître Sawaki, zazen n'est pas le moins du monde utile à l'individu. Nous faisons zazen pour zazen. Par « pour zazen », nous voulons dire que zazen utilise ce corps et rien d'autre. Ça veut dire que nous laissons ce corps en offrande à zazen. Comme il est décrit dans les « Règles pour zazen » de Maître Dôgen, nous étirons le torse, rentrons le menton, plaçons notre regard devant nous, résolus à pratiquer sans la moindre pensée que zazen prenne soin de nous. On appelle cette sorte de résolution 'ni gain, ni satori'. C'est ce que Maître Dôgen appelle « pratiquer la voie du Bouddha pour la voie du Bouddha ».

---

[19] Ceci est ma traduction en français — malheureusement donc une traduction de traduction — des pages 132-137 du livre d'Arthur Braverman sur Sodo Yokoyama, *The Grass Flute Zen Master* (Counterpoint, 2017). Les notes de Maître Yokoyama sont en caractères normaux et les phrases de Maître Sawaki sont *en italiques*.

[20] Maître Yokoyama appelle ainsi Maître Sawaki, NdT.

Zazen est équivalent à l'éveil éternel du Bouddha.

On n'a besoin de rien pour faire zazen — ni stylo ni carnet. Ni satori, ni illusion ne sont nécessaires. On n'a rien besoin de prendre avec soi. C'est si vaste, si illimité que les êtres humains ne peuvent le comprendre.

[Roshi parle ici de] la forme de la non- pensée de l'assise (sans concept, sans opinion). Rien n'est si vaste et illimité que l'assise de la non-pensée. Tous les soutras [pointent vers] le satori ; le *Shobogenzo*[21] également [pointe vers] le satori. Mais la forme de non-pensée de l'assise va au-delà du satori.

De même que nous ne pouvons calculer le plus grand commun multiple en mathématiques, la forme de non-pensée de l'assise est au-delà [de la compréhension] des soutras et du *Shobogenzo*. C'est pourquoi Roshi disait « zazen avance au-delà même du satori le plus haut ».

Les gens veulent avoir un satori comme ils veulent un jardin dans une boîte. Ce n'est pas le bouddhisme.

Ne perdez jamais de vue l'impermanence. Si vous voyez [réellement] l'impermanence, vous êtes un Bouddha à chaque expiration et un Bouddha à chaque inspiration. [Vous avez] tout là, alors. Aucune raison de penser à persévérer dans le futur.

Zazen n'est pas une voie de compétition. On devient soi-même totalement. Zazen n'est rien d'autre que de devenir soi-même.

Bien que les mots « rien d'autre que devenir soi-même » peuvent avoir une sonorité égoïste, chaque

---

[21] *Le trésor de l'oeil de la Vraie Loi*, œuvre maîtresse de Maître Dôgen, NdT.

phénomène, chaque chose n'est véritablement rien d'autre que soi. Un pissenlit, qui est [un aspect] de toutes choses, est lui-même complètement un pissenlit et ne devient rien d'autre. Il a une dévotion à lui-même et à rien d'autre. Telle est la voie de toutes choses.

On ne sent jamais que l'on peut attraper zazen. On ne court jamais après zazen et on ne le fuit jamais non plus. Et on n'a rien à craindre de lui.

Ceci veut dire que l'on approche tout sans concept, sans opinion.

Le non-gain (ou mushotoku) est l'aspect le plus beau des êtres humains. Ce à quoi aspirent les Bouddhas et les patriarches est de jeter ce à quoi aspirent les personnes ordinaires.

Essayez de pratiquer zazen en croyant que vous êtes Bouddha et vous pratiquez l'activité de Bouddha. Zazen devient naturellement shikantaza. Shikantaza égale le Dharma. Zazen 'joue au Bouddha' — Le Bouddha pratique l'activité de Bouddha. Voilà ce qu'est shikantaza.

Ce serait très bien si les gens venaient ici pour pratiquer zazen mais malheureusement ils viennent ici parce qu'ils m'aiment bien.

Ce serait très bien si les gens venaient parce qu'ils aiment zazen mais Roshi dit qu'ils viennent le voir à cause de lui et qu'il ne peut pas y faire grand-chose. Ce n'est rien de plus que le résultat du karma. Zazen est la voie qui va au-delà du karma. Zazen n'a rien à voir avec accompli/raté, aimer/ne pas aimer, la philosophie, l'astronomie, l'art, etc. Tout cela est création humaine et résulte du karma. Ainsi il est naturel que zazen, vis à vis de cela, ne donne aucun bénéfice. Zazen n'est utile qu'à zazen. Roshi veut que tous pratiquent ce type de zazen et non pas qu'ils pratiquent parce qu'ils pensent qu'il est quelqu'un de spécial. Roshi suit véritablement la Voie au-delà de la loi de cause à effet. Il veut que les gens comprennent le sens de: « Zazen égale être Bouddha », « Zazen égale le Dharma du Bouddha ».

Dans chaque chose que vous faites, si vous le faites avec votre soi tout entier, vous serez « cette chose telle qu'elle est ».

C'est ce que Maître Dôgen veut dire par 'sans dépendre du karma' dans *Zazen Shin* (L'aiguille d'acuponcture de zazen[22])... Si l'on ne pense pas en termes de temps et d'espace, l'état de Bouddha est toujours, éternellement maintenant. Ce 'maintenant' éternel est la pratique du Shobogenzo. C'est pourquoi Maître Sawaki dit : « Si vous croyez en le maintenant, chacun de vous peut entrer à ce moment ».

Quand il dit « entrer à ce moment », Roshi veut dire « devenir Bouddha ».

La Voie du Bouddha est la pratique de zazen.

Pratiquer zazen veut dire faire de zazen une offrande. C'est l'expression de zazen, et donc de la Voie du Bouddha – Ce moment exprime directement le Tathagata (L'ainsi-venu) – le fond du Tathagata qui est la Nature du Tathagata, le visage du Tathagata et le corps du Tathagata.

---

[22] L'un des chapitres du *Shobogenzo*, NdT.

« *Manifester les aspects de la nature de Bouddha est l'expression des corps de tous les Bouddhas* » -- Tel est le sens de l'éloge de zazen.

Ci-dessus, « manifester » et « expression » veulent dire apparaître. C'est le genjo [parfois traduit par vie — commentaire de l'éditeur du texte anglais] dans le *Genjokoan* de Maître Dôgen.

Pratiquer zazen, c'est mourir.

Ces mots de Roshi veulent dire que zazen est la mort de l'ego et ainsi on est en harmonie avec l'univers — on vit éternellement avec l'univers. Zazen est le chemin dans lequel on vit éternellement avec l'univers. Vivre éternellement avec l'univers est la voie des parents [les ancêtres].

Zazen, c'est devenir Bouddha alors qu'on est dans l'illusion.

En d'autres termes, on ne peut dire que quelqu'un qui renonce au monde (devient moine) est sans illusions. On est ordonné moine tout en possédant ses illusions.

Zazen n'est pas le chemin du monde, c'est le chemin des Bouddhas et des patriarches. Ce qui veut dire que zazen est renoncement au monde.

Tout comme la pratique de zazen est renoncement au monde, tout comme l'on renonce au monde alors qu'on possède ses illusions, zazen se pratique tout en possédant ses illusions. [De fait] zazen ne fait pas de distinction entre les moines et les laïques. Si l'on pratique zazen on est un renonçant.

Un véritable renonçant devrait porter une grande attention à shikantaza (juste s'asseoir).

Par suite chaque personne qui pratique zazen est un véritable renonçant. [Roshi dit:] « Nous devons suivre [l'enseignement] du *Fukanzazengi* (Les règles universelles pour zazen) et répandre cette pratique universelle de zazen ».

Même si les gens se font ordonner [et abandonnent leur vie mondaine], les illusions ne disparaissent pas. Cependant quand on fait zazen, pendant que les illusions sont là, la posture de zazen est la posture du Bouddha. Ainsi, zazen est le Bouddha qui laisse les illusions telles quelles.

Telle est la forme de zazen, c.a.d. la posture de zazen, le Bouddha. La posture de zazen n'est pas consciente de la posture de zazen mais elle est zazen.

C'est un exemple de l'au-delà de la pensée, ainsi au-delà de la pensée est Bouddha. Zazen selon mon maître [Sawaki] peut être pratiqué par tous et toute personne qui le pratique pratique la méditation de Bouddha.

Maître Yokoyama

Ci-dessous, ma traduction d'un commentaire de Maître Sheng-Yen, sur les deux entrées et les quatre pratiques de Bodhidharma. Le texte source est disponible en ligne: http://www.dharmadrum.org/userfiles/event/Bodhidharma's%20Two%20Entries%20and%20Four%20Practices.pdf

Les deux entrées et les quatre pratiques de Bodhidharma

Il existe une œuvre importante attribuée à Bodhidharma, appelée Les deux entrées et les quatre pratiques, dans laquelle il détaille de manière très explicite ce que les êtres sensibles doivent faire pour réaliser leur véritable nature. Les « deux entrées » désignent l'entrée par le principe et l'entrée par la pratique. L'entrée par le principe veut dire voir directement le premier principe, soit la nature originelle, sans s'appuyer sur les mots, descriptions, concepts, expérience ou autre processus mental. L'entrée par la pratique se réfère à l'entraînement progressif de l'esprit.

Bodhidharma décrit ainsi l'entrée par le principe : « Laissant derrière soi le faux, retourner au vrai ; ne faire aucune différence entre le soi et autrui. En contemplation, l'esprit doit être stable et immobile comme un mur. » Ça peut sembler le chemin facile et direct vers l'éveil, mais c'est en fait le plus difficile. Si nous concevons l'éveil de Bodhidharma comme une entrée par le principe, alors il nous faut dire qu'il n'est survenu qu'après toute une vie de pratique, culminant en ses neuf années de méditation face au mur dans une cave du Mont Song. En fait, la méthode utilisée pour accomplir l'entrée par le principe est précisément cette phrase : « L'esprit doit être stable et immobile comme un mur. » Ça ne veut pas dire que l'esprit est vide, bien au contraire, il est alerte et clair, il illumine tout avec une conscience immédiate et réagit avec compassion. C'est idéal et c'est l'état d'esprit auquel on se réfère dans l'entrée par le principe.

La deuxième entrée est d'atteindre la réalisation par la pratique, qui se divise en quatre pratiques : accepter les représailles karmiques, s'adapter aux conditions, ne rien rechercher et réaliser l'union au Dharma. Chaque pratique étant progressivement plus avancée, il convient de les suivre dans l'ordre.

La première pratique, « accepter les représailles karmiques », implique de reconnaître les effets du karma et du principe de cause à effet. Le karma est un terme sanscrit dont la traduction littérale est « action ». Lorsque nous accomplissons une action, une force karmique reste qui porte à conséquence dans le futur, soit dans l'existence présente, soit dans une existence future. L'effet karmique d'une action particulière n'est pas fixé de façon permanente parce que l'accomplissement continuel de nouvelles actions modifie la force karmique en conséquence, mais dans tous les cas, il y a une relation de cause à effet et la conséquence sera en sa nature similaire à la cause. Et donc, lorsque nous rencontrons l'adversité, nous devrions comprendre que nous recevons le châtiment karmique d'innombrables actions antérieures dans d'innombrables vies antérieures. Quand nous remboursons une partie de nos dettes, nous devrions nous sentir heureux d'avoir la capacité de le faire. Si nous avons cette perspective, quand les malheurs vont arriver, nous serons tranquille est sans ressentiment. Nous ne souffrirons pas d'émotions dérangeantes, nous ne serons pas découragé ou déprimé. C'est une pratique importante.

Le karma, ou le lien de cause à effet, doit être compris conjointement au concept bouddhiste des causes et des conditions. La rencontre de causes et de conditions rend possible que les choses arrivent. Nous ne pouvons pas et nous ne devons pas fuir nos responsabilités et les représailles causées par notre karma. Mais nous devrions essayer d'améliorer nos conditions et notre karma. Si les choses peuvent être améliorées, nous devons essayer de les améliorer. Si elles ne peuvent être changées, nous devons les accepter avec équanimité comme représailles karmiques.

Il semble facile de confondre le principe des causes et des conditions avec celui de cause à effet. En réalité, les deux principes sont intimement liés l'un à l'autre et il est difficile de parler de l'un sans mentionner l'autre. Du point de vue de la cause et de l'effet, on peut dire que l'événement antérieur est la cause et l'événement ultérieur est l'effet. Un événement conduit au suivant. Cependant une cause seule ne peut engendrer un effet. Quelque chose d'autre doit se passer, doit se joindre à la cause pour mener à un effet. Ces évènements et facteurs qui se joignent sont appelés les causes et conditions. Un homme et une femme ensemble ne mènent pas automatiquement à des enfants. D'autres facteurs doivent se réunir pour que la cause (les parents) mènent à l'effet (les enfants). Les parents, les enfants et les autres facteurs qui rentrent en jeu sont tous considérés comme des causes et des conditions.

On peut aussi penser les causes et les conditions comme des « dharmas », mot sanscrit se référant à tous les phénomènes, qu'ils soient physiques ou mentaux. Ce sens est distinct de « Dharma » avec un D majuscule, qui se réfère aux enseignements du Bouddha et aux méthodes et principes de la pratique.

Cependant, même les enseignements du Bouddha et les méthodes de pratique sont eux-mêmes des phénomènes, ou des dharmas.

En tous cas, la condition (un dharma) qui croise une cause (un autre dharma) doit elle-même avoir été causée par quelque chose d'autre et ainsi de suite à l'infini dans toutes les directions à travers le temps et l'espace. Tous les phénomènes se produisent à cause des causes et des conditions. Tout phénomène qui se produit est lui-même conséquence d'une cause antérieure et s'est produit à cause de la réunion de causes et de conditions. Ceci mène au concept de production conditionnée, aussi appelée émanation dépendante, qui signifie que tous les phénomènes ou dharmas, quel que soit le moment ou l'endroit où ils se produisent, sont interconnectés.

Comme tous les dharmas sont les effets de causes et de conditions, leur survenue est conditionnelle. Ceci comprend non seulement ce qui apparaît et survient mais aussi ce qui périt et disparaît. Une personne qui naît est un phénomène et une personne qui meurt est aussi un phénomène ; une bulle qui se forme est un phénomène et une bulle qui éclate est un phénomène ; une pensée qui apparaît est un phénomène et une pensée qui disparaît est un phénomène. Tous les dharmas surviennent et périssent en raison des causes et des conditions.

La seconde des quatre pratiques recommandées par Bodhidharma est « s'adapter aux conditions ». Elle aussi requiert une bonne compréhension des causes et des conditions. S'adapter aux conditions veut dire que nous devons faire de notre mieux dans le cadre des contraintes de notre environnement. Si nos circonstances sont heureuses ou si quelque chose de bon nous arrive, nous ne devrions pas nous exciter outre mesure. La bonne fortune comme la mauvaise est le résultat des représailles karmiques. Pourquoi se sentir très content lorsque nous ne faisons que jouir des fruits de notre propre labeur ? C'est comme de retirer de l'argent de nôtres propres comptes en banque. De même, nous ne devrions pas être trop fiers, parce que la bonne fortune, comme la mauvaise, est la résultante de nombreuses causes et conditions réunies. Comment pouvons-nous nous attribuer le mérite de nos accomplissements alors qu'ils dépendent tant de la bonne volonté d'autrui, des sacrifices de nos parents, des circonstances de l'histoire ? La pratique de s'adapter aux conditions veut dire accepter son karma, ou la relation de cause à effet, sans en être trop joyeux, satisfait de soi ou déçu.

Accepter les représailles karmiques et s'adapter aux conditions sont des pratiques très utiles dans la vie quotidienne. Elles nous permettent d'améliorer nos conditions et notre karma et de maintenir une attitude positive envers la vie. Elles nous aident à jouir d'une égalité d'humeur face aux circonstances changeantes, à améliorer notre comportement et à garder nos relations harmonieuses. Ces enseignements de Bodhidharma ne sont pas difficiles à comprendre et toute personne ordinaire peut en faire usage. Si nous pouvons les appliquer dans la vie de tous les jours, nous remplirons nos responsabilités et nous tirerons le meilleur parti de nos chances. De cette façon, la vie aura plus de sens.

La troisième des quatre pratiques de Bodhidharma est de « ne rien rechercher ». Il y a un dicton chinois qui dit : « Les gens élèvent des enfants pour les aider dans leur vieillesse et les gens font des réserves de nourriture en cas de famine ». Aujourd'hui, les occidentaux n'ont peut-être pas des enfants seulement pour les aider dans leur vieillesse mais les gens continuent probablement à faire des réserves de nourriture ou de richesse en cas de coup dur. Cette attitude n'est pas l'attitude de ne rien rechercher. Dans la pratique de ne rien rechercher, nous sommes continuellement et assidument engagés dans des activités utiles, mais sans avoir de pensée que ces activités vont nous rapporter un gain personnel maintenant ou dans le futur. Nous ne recherchons pas de bénéfices personnels. Ce n'est pas facile et c'est un plus haut niveau de pratique que la seconde pratique. En fait, pour éviter complètement l'activité centrée sur soi, nous devons faire ce pas difficile de réaliser que le soi n'existe pas.

Ce à quoi nous pensons communément comme le soi est une illusion. Ce n'est absolument rien en soi, juste un nom que nous donnons à notre interaction continuelle avec l'environnement. Constamment nous voyons, entendons, sentons, goûtons, touchons et pensons et c'est cette cascade de sensations, de perceptions et de jugements, pensée après pensée, que nous identifions comme le soi.

Dire que le soi est une illusion ne veut néanmoins pas dire que le soi est une hallucination. Le soi n'est pas un mirage. Nous disons ici que le soi est illusoire parce que ce n'est pas une entité stable mais plutôt une série d'évènements qui changent constamment en réponse à un environnement qui change constamment. Le soi n'est pas une chose qui reste la même et comme tel nous disons que le soi est une illusion. Pour la même raison, tous les phénomènes sont considérés comme des illusions, c'est à dire que tous les phénomènes sont dépourvus de soi. Toutes les choses changent un moment après l'autre, évoluent et se changent en quelque chose d'autre. Le soi donc est une fausse existence qui interagit sans cesse avec un faux environnement.

La pratique de ne rien rechercher est une pratique avancée parce que c'est la pratique du non-soi. Alors qu'il est normal que les personnes commencent à apprendre et à pratiquer le bouddhisme pour leur propre bénéfice, avec le temps, par la pratique, leur centrage sur soi va tomber. Ils vont se trouver occupés parce que d'autres ont besoin d'eux et ils vont fournir ce qui est nécessaire. Une telle personne ne pense même plus à atteindre l'éveil.

Lorsque vous avez cessé d'être préoccupé par votre propre éveil, alors vous êtes éveillé. Sinon, il y aura toujours des pensées vagabondes, subtiles et l'attachement au désir de faire quelque chose pour vous-même. Si vous voulez vous libérer de toutes les contrariétés et souffrances mondaines et si vous désirez la libération, vous êtes encore attaché à votre soi. C'est seulement quand vous n'avez aucun souci de votre propre éveil que vous pouvez véritablement être éveillé. La pratique de ne rien rechercher est la pratique de cet état éveillé.

La quatrième des pratiques de Bodhidharma, celle de « l'union au Dharma », est un principe de base du bouddhisme : que tous les phénomènes sont impermanents et n'ont pas de soi intrinsèque. Dans la pratique de l'union au Dharma, nous essayons de faire l'expérience personnelle de cette impermanence et de cette absence de soi par la contemplation directe de la vacuité. C'est la plus haute pratique du Chan, qui mène à la plus haute réalisation. C'est la pratique qui nous permet d'atteindre ce point de « l'entrée par le principe » dont nous parlions plus haut.

Mais par où un pratiquant peut-il commencer ? Différentes écoles bouddhistes emploient de nombreuses méthodes de pratique qui peuvent être utilisées par des débutants, telles que lire les écritures, faire des vœux, faire des prostrations, cultiver la pleine conscience ou méditer sur la respiration. Toutes ces méthodes nous aident à passer d'un esprit éparpillé, qui est instable, émotionnel, en confusion, à un état mental qui est tranquille et en harmonie avec notre environnement. La toute première chose à faire est de détendre le corps et l'esprit. Si nous pouvons nous détendre, nous serons en meilleure santé, plus stable et nous pourrons être plus harmonieusement en relation avec autrui.

Il y a un bouddhiste laïque qui vient au centre Chan et qui est très nerveux. Sa nervosité rend les autres personnes nerveuses. Quand il s'adresse à vous, son corps est tendu, comme s'il allait vous attaquer ou se défendre lui. Les gens réagissent à ce type de comportement, ça les dérange. Quand je lui ai dit de détendre le corps, il m'a répondu d'une voix forcée et tendue : « Je suis déjà détendu ! » Il est constamment dans la crainte et l'insécurité et en raison des problèmes que causent ces sentiments, il est venu au centre Chan pour demander de l'aide. Il voulait apprendre la méditation, alors je lui ai appris à se relaxer progressivement, le corps puis l'esprit. Si nous ne pouvons nous détendre, nous ne pouvons certainement pas méditer et si nous ne pouvons méditer, la pratique de ne rien rechercher est complètement impossible. Cet homme était impatient et pensait que s'il obtenait l'illumination, tous ses problèmes disparaitraient. Il me dit : « Maître, je ne veux rien ; je veux juste la méthode pour obtenir rapidement l'illumination. Donnez-moi la méthode dès que possible. » Je lui ai répondu : « Une telle méthode n'a pas encore été inventée. Si je pouvais inventer une méthode rapide et garantie d'illumination, je pourrais probablement la vendre pour vraiment beaucoup d'argent. »

Mais j'ai maintenant inventé la méthode suivante, que j'offre gratuitement à tout un chacun qui désire apprendre. La méthode est de détendre le corps et l'esprit. Elle est simple et facile. Ne demandez pas si elle peut vous conduire à l'éveil. D'abord il vous faut vous détendre, et ensuite on parlera de l'éveil. Fermez les yeux, reposez-vous sur votre chaise et relâchez vos muscles. Détendez complètement les yeux. Il est très important que les paupières soient détendues et ne bougent pas. Il ne devrait y avoir aucune tension autour des globes oculaires. N'appliquez aucune force ou tension nulle part. Détendez les muscles faciaux, les épaules et les bras. Détendez l'abdomen et mettez les mains sur vos genoux. Si vous ressentez le poids du corps, ce devrait être au niveau du siège. Ne pensez à rien. Si des pensées vous viennent, reconnaissez-les et soyez attentifs à l'inspiration et à l'expiration du souffle dans les narines. Faites abstraction de ce que font les autres. Concentrez-vous sur votre pratique, oubliez votre corps et détendez-vous. N'entretenez pas de doutes sur l'utilité de ce que vous faites.

Le principe de cette méthode est de se détendre, d'être naturel et clair. Faites des séances courtes mais pratiquez fréquemment. Au début, chaque séance devrait durer au plus dix minutes et progressivement vous pouvez monter à vingt ou trente minutes si vous y arrivez sans trop d'inconfort. Si vous faites des séances plus longues, vous allez probablement vous sentir agité ou vous endormir. Vous pouvez utiliser cette méthode plusieurs fois par jour ; elle va vous rafraîchir le corps et l'esprit et éliminer une partie de la confusion qui existe dans votre vie quotidienne. Peu à peu, vous obtiendrez la stabilité du corps et de l'esprit qui rendra possible, finalement, d'entrer par la porte du Chan.

Maître Sheng-Yen

Un exercice : Assis sans méthode

(Exercice sans prétention, accessible à tous. Durée: 10 min.
Cet exercice est utile aussi bien à des débutants qu'à des gens qui ont déjà une longue pratique de l'assise zen.)

Prenez une position stable.

Juste assis là, immobile et silencieux, éprouvez ce qui se passe.

Ne cultivez pas de réaction émotionnelle ou d'analyse mentale sur ce qui se passe.

Continuez ainsi jusqu'au signal que les 10 minutes se sont écoulées.

Un autre exercice : Les prostrations lentes

(Exercice à durée variable, à faire en conscience de tout le corps en mouvement fluide, et l'attitude de se donner à l'exercice sans aucune attente en retour)

Commencez debout, l'esprit centré en vous, mains jointes devant la poitrine (posture debout).

Puis en un mouvement conscient et entièrement fluide, allez vers le sol, d'abord en pliant les genoux, touchant le sol des deux mains, touchant le sol avec les genoux, puis abaissant le buste en avant, touchant le sol avec le front et les mains, mains à hauteur de la tête, que vous finissez par tourner paumes vers le ciel, en offrande (posture de prostration). Puis par le mouvement exactement inverse, revenez en conscience à la position de départ, debout mains jointes devant la poitrine.

Respectez un temps d'arrêt à la fois dans la posture de prostration et dans la posture debout ; alternez de façon fluide entre ces deux postures.

Sans aucun but, en attitude de don de soi, l'esprit attaché au corps entier dans ce mouvement.

Continuez, oubliant tout ce qui n'est pas le mouvement de tout le corps, jusqu'à ce qu'une personne désignée pour cela signale la fin de l'exercice.

La fleur de lotus
Peinture noir et blanc: Ulla Moström

OLIVIER WINGHART

Né en 1962, pratiquant laïque du zen depuis 1987, Olivier Winghart travaille à Lyon comme consultant et Gestalt-thérapeute. Il a publié en anglais en 2015 chez Amazon un premier essai intitulé *Open without knowing.*